Erhard Dietl

Wenn Lothar in die Schule geht

Erhard Dietl

Wenn Lothar in die Schule geht

Ravensburger Buchverlag

**Die Schreibweise entspricht den Regeln
der neuen Rechtschreibung.**

6   98

Ravensburger Blauer Rabe
© 1994 Ravensburger Buchverlag
Umschlagbild: Erhard Dietl
Redaktion: Karin Schreiner
Gesamtherstellung: Mohndruck, Gütersloh
Printed in Germany
ISBN 3-473-34024-3

Lothar sitzt am Fenster.
Er schreibt mit einem Filzstift
Autonummern in sein Heft.
M-XU 5346 schreibt er. K-V 43.
„Kannst du bitte den Müll
raustragen?", fragt Mama.
„Du, Mama, M-XU hab ich jetzt
schon dreimal!", sagt Lothar.
„Hast du gehört?", ruft Mama.

„Du, Mama, wenn ich
in die Schule komme,
dann kann ich schon schreiben!",
sagt Lothar.
„Wann komm ich in die Schule?"
„Jn vierzehn Tagen", sagt Mama.
„Gestern hast du auch gesagt
in vierzehn Tagen!", sagt Lothar.
„Na, dann sind es heute
eben dreizehn Tage", sagt Mama.

„In die Schule nehm ich
die Laura mit!", sagt Lothar.
Laura ist Lothars Schildkröte.
Laura Hüttl heißt sie,
und Hüttl steht auch
auf ihrem Panzer.

Lothar holt sich ein Glas Milch
aus dem Kühlschrank.
„Schon wieder?",
fragt Mama besorgt.
Lothar ist ein bisschen rundlich.
Zwei Liter Milch trinkt er am Tag.
Er isst auch gern. Und viel.
„Jch bin nicht dick,
nur kräftig!", sagt Lothar.

Dann geht er
den Mülleimer ausleeren.
Unterwegs trifft er Frau Brecheis.
„Na, Lothar, freuen wir uns schon
auf die Schule?", fragt Frau Brecheis.
Wieso WIR?, denkt Lothar.
Geht die Brecheis auch?

„Was wünschst du dir denn
für deine Schultüte?",
fragt Frau Brecheis.
Die ist wieder neugierig,
denkt Lothar.
„Gurken!", sagt er.
„Gurken? Keine Süßigkeiten?"
Frau Brecheis ist erstaunt.
„Gurken und Zwiebeln!", sagt Lothar
und schüttet den Müll in die Tonne.

Natürlich freut sich Lothar
auf die Schule.
Aber ein bisschen auch gar nicht.
Vielleicht wird es total langweilig?

Und die Lehrerin kennt er
ja auch nicht.
Die sieht vielleicht
ganz gefährlich aus.

Lothar seufzt.
Noch dreizehn Tage,
hat Mama gesagt.
Wie lang sind dreizehn Tage?
Bestimmt noch lang, denkt Lothar.
Wenn ich Laura
in die Schule mitnehme,
dann ist das alles nicht so wild.
Jch setze sie unter die Schulbank
und kann sie streicheln,
wann ich will.

Lothar trifft seinen besten Freund.
Der heißt Max und geht schon
in die dritte Klasse.
„Monstermäßig!", sagt Max.
„Schule ist echt monstermäßig!"

Max redet am liebsten
von Monstern.
Von Killermonstern,
Weltraummonstern,
Flugmonstern und Fressmonstern.
„Mein Lehrer ist ein Monster!",
sagt er. „Einmal hat er
ein Lineal gefressen. Und die Kreide
schleckt er von der Tafel!"
„Sehr witzig!", sagt Lothar.

„Echt wahr!", sagt Max.
„Wir haben in der Schule
alle Monstermasken auf.
Dann merkt der Lehrer nicht,
dass wir keine Monster sind."
„Sonst frisst er euch!", sagt Lothar.
„Genau", sagt Max und
schneidet eine Grimasse.

„Jmmer müssen wir Monster malen,
und es muss monstermäßig
gebrüllt werden, ganz laut.
Und rumgesaut. Überall.
Da liegt Monsterschleim
auf dem Boden,
und an den Wänden ist so rote Soße,
wie Ketchup oder …"

„Jiiih! Hör auf mit dem Quatsch!",
sagt Lothar.
„Solche Märchen kannst du
deiner Oma erzählen!"
„Wirst schon sehen!", sagt Max.
„Ohne Monstermaske lassen sie
dich gar nicht hinein!"
Der spinnt, denkt Lothar
und stopft sich eine Handvoll
Gummibärchen in den Mund.

Wenn Mama
von der Schule erzählt,
dann ist das ganz anders.
„Du wirst dort neue Freunde
kennen lernen", sagt sie. „Und du
wirst eine Menge Spaß haben."
„Der Max holt mich
morgens immer ab",
meint Lothar.
„Na, das ist doch prima!",
sagt Mama.

„Übrigens kam heute
ein Brief von der Schule",
sagt Mama. „Da steht drin,
was wir alles besorgen müssen!"
„Jch weiß schon", sagt Lothar,
„Federmäppchen und Malsachen!"

„Ja, und noch viel mehr!",
sagt Mama.
„Turnbeutel, Hefte, Hefteinbände,
Lineal, unlackierte Farbstifte ..."
„Wieso unlackierte?",
fragt Lothar.
„Na, wenn du dran rumkaust,
ist es nicht giftig!", sagt Mama.
„Jch kau doch keine Stifte!
Jch bin doch kein Monster!",
sagt Lothar.
„Um so besser", sagt Mama.
„Dann brauchen wir noch
Hausschuhe und einen Karton.
Zum Aufbewahren der Schulbücher
unter der Bank."
Und zum Aufbewahren
von Schildkröten!, denkt Lothar.

„Das alles müssen wir dann noch mit deinem Namen beschriften", sagt Mama.
„Die Laura ist schon beschriftet!", sagt Lothar.

Lothars Papa erzählt auch oft
von der Schule. Das nervt.
Papa war nämlich überall super.
Auch im Turnen, sagt er.
Das kann Lothar kaum glauben.
Papa mit seinem dicken Bauch!

Er keucht schon, wenn er einen
Kasten Bier die Treppe hochträgt.
Aber im 50-Meter-Lauf
war er immer der Schnellste
und im Weitsprung der Weiteste.
Und im Rechnen sowieso der Beste.

Auch im Lesen war Papa
unschlagbar.
Schon im Kindergarten
hat er ganze Bücher gelesen,
oder noch früher.
Lothar stellt sich vor,
wie Papa im Kinderwagen liegt
und Bücher liest.

„Bestimmt wirst du
ein guter Schüler,
mein Filius!", sagt Papa,
„Jch bin stolz auf dich!"
Lothar kann das nicht leiden.
Erstens turnt er nicht gern.
Und ganze Bücher kann er
auch noch nicht lesen.

Jmmer will Papa,
dass ich so gut bin wie er,
denkt Lothar.
Dann fällt ihm Max ein
mit seinen Monstern.
Und dass Max ja gern
ein Monster ist,
und Monster fürchten sich
vor gar nichts.

Jetzt sind es nur noch
zwei Tage, bis die Schule anfängt.
Lothars Schulranzen steht
schon gepackt im Kinderzimmer.
Am ersten Tag kommen Mama und
Papa mit in die Schule.
Das ist super!
Und Laura natürlich auch.

Lothar geht in den Garten.
Er schaut unter die Büsche,
wo die Schildkröte meistens liegt.
Doch Laura ist nicht da.
Lothar sucht den ganzen Garten ab,
doch er kann sie nirgends finden.

Er rennt ins Haus.
„Laura ist weg!",
schreit er aufgeregt.
„Hast du überall gesucht?",
fragt Mama.
Lothar hat Tränen in den Augen.
„Überall!", sagt er.
„Sie ist nicht da!"

Mama sucht mit Lothar
die ganze Gegend ab.
Aber die Schildkröte
bleibt verschwunden.
„Ohne Laura geh ich nicht
in die Schule!",
sagt Lothar trotzig.

Da kommt Papa nach Hause.
Heute hat er Lothar
eine Schultüte gekauft.
Schön bunt ist sie und oben
hat sie eine blaue Schleife.
Doch Lothar kann sich
gar nicht so recht freuen.

„Laura ist weg!", sagt er zu Papa.
„Bestimmt taucht sie wieder auf!",
tröstet Papa. „Mach dir mal
keine Sorgen. Steht ja groß
und fett unser Name drauf."
Aber Lothar macht sich Sorgen.
Abends, bevor er ins Bett geht,
sucht er noch mal den Garten ab.
Doch er hat kein Glück.

Als er im Bett liegt,
kann er lange nicht einschlafen.
Da klingelt es an der Haustür.

Lothar hört eine fremde Stimme.
Plötzlich hört Lothar Papa rufen:
„Lothar! Bist du noch wach?"
„Was ist denn?", fragt Lothar
und streckt den Kopf aus der Tür.
„Besuch für dich!", sagt Papa.

Lothar geht im Schlafanzug
ins Wohnzimmer.
Da steht eine Frau,
die hat er noch nie gesehen.
„Und du bist also der Lothar",
sagt sie freundlich
und streckt ihm die Hand entgegen.

„Jch bin Frau Buchner,
deine Lehrerin.
Wir sehen uns ja bald!"
Lothar erschrickt.
Das also ist seine Lehrerin.
Sie sieht ja ganz nett aus,
denkt er.
Aber was macht sie hier
bei uns im Wohnzimmer?
„Stell dir vor, Frau Buchner
hat Laura gefunden!",
sagt Mama.
„Jst das nicht ein Zufall?"
„Ja, ich wohne
nur ein paar Häuser weiter",
erzählt Frau Buchner,
„und die Schildkröte saß
direkt vor meiner Haustür.

Und da auf ihrem Panzer Hüttl steht,
war ich ganz sicher,
dass sie Jhnen gehört!"

„Das ist aber nett,
dass Sie gleich vorbeigekommen
sind", sagt Mama.
Frau Buchner stellt
einen Schuhkarton auf den Boden.
Da ist Laura drin.

„So eine schöne Schildkröte
sieht man selten!",
sagt Frau Buchner zu Lothar.
„Bringst du sie mal mit
in die Schule?
Wir wollen sie auch
den anderen Kindern zeigen!"
Lothar nickt.
Er weiß gar nicht recht,
was er sagen soll.

„Ja, gut. Jch hab auch schon
eine Schultüte!", sagt er.
„Das ist schön!", sagt Frau Buchner.
„Also dann, bis übermorgen!"
Zum Abschied drückt sie Lothar
fest die Hand.

Lothar ist dann ganz schnell
und glücklich eingeschlafen.
Und er hat schön geträumt.
Von Laura und von
seiner neuen Schultüte.
Von Max und einem
Weltraummonster
und von der netten Frau Buchner.

Erhard Dietl ist 1953 in Regensburg geboren. Er hat an der Akademie der Bildenden Künste in München studiert und ist nach dem Studium gleich in München geblieben. Erhard Dietl zeichnet, malt und schreibt auch selber, hauptsächlich für Kinder. Dabei hat er es geschafft eine kindliche Sichtweise zu bewahren, was seine Bücher sehr einfühlsam und witzig werden lässt. Für den „Blauen Raben" hat er auch „Lothar ist nicht Supermann" geschrieben und illustriert. Unter anderem hat er die Bilder für die „Ätze"-Bände gezeichnet.